ACTE GÉNÉRAL

DE LA

CONFÉRENCE INTERNATIONALE D'ALGECIRAS

AU NOM DE DIEU TOUT PUISSANT:

Sa Majesté L'EMPEREUR D'ALLEMAGNE, ROI DE PRUSSE, au nom de l'Empire Allemand;

Sa Majesté L'EMPEREUR D'AUTRICHE, ROI DE BOHÉME, etc. ET ROI APOSTOLIQUE DE HONGRIE;

Sa Majesté LE ROI DES BELGES;

Sa Majesté LE ROI D'ESPAGNE;

LE PRÉSIDENT DES ETATS-UNIS D'AMÉRIQUE;

LE PRÉSIDENT DE LA RÉPUBLIQUE FRANÇAISE;

Sa Majesté LE ROI DU ROYAUME UNI DE LA GRANDE BRETAGNE ET D'IRLANDE ET DES TERRITOIRES BRITANNIQUES AU DELÀ DES MERS, EMPEREUR DES INDES;

Sa Majesté LE ROI D'ITALIE;

Sa Majesté LE SULTAN DU MAROC;

Sa Majesté LA REINE DES PAYS-BAS;

Sa Majesté LE ROI DE PORTUGAL ET DES ALGARVES, ETC., ETC., ETC.;

Sa Majesté L'EMPEREUR DE TOUTES LES RUSSIES;

Sa Majesté LE ROI DE SUÈDE;

S'inspirant de l'intérêt qui s'attache à ce que l'ordre, la paix et la prospérité règnent au Maroc, et ayant reconnu que ce but précieux ne saurait être atteint que moyennant l'introduction de réformes basées sur le triple principe de la souveraineté et de l'indépendance de Sa Majesté le Sultan, de l'intégrité de Ses Etats et de la liberté économique sans aucune inégalité, ont résolu, sur l'invitation qui Leur a été adressée par Sa Majesté Chérifienne, de réunir une Conférence à Algeciras pour arriver à une entente sur les dites réformes, ainsi que pour examiner les moyens de se procurer les ressources nécessaires à leur application, et ont nommé pour Leurs Délégués Plénipotentiaires, savoir:

Sa Majesté l'Empereur d'Allemagne, Roi de Prusse, au nom de l'Empire Allemand:

Le Sieur JOSEPH DE RADOWITZ, Son Ambassadeur Extraordinaire et Plénipotentiaire près Sa Majesté Catholique, et

Le Sieur CHRISTIAN, COMTE DE TATTENBACH, Son Envoyé Extraordinaire et Ministre Plénipotentiaire près Sa Majesté Très-Fidèle;

Sa Majesté l'Empereur d'Autriche, Roi de Bohême, etc., et Roi Apostolique de Hongrie:

Le Sieur RODOLPHE, COMTE DE WELSERSHEIMB, Son Ambassadeur Extraordinaire et Plénipotentiaire près Sa Majesté Catholique, et

Le Sieur LÉOPOLD, COMTE BOLESTA-KOZIEBRODZKI, Son Envoyé Extraordinaire et Ministre Plénipotentiaire au Maroc;

Sa Majesté le Roi des Belges:

Le Sieur MAURICE, BARON JOOSTENS, Son Envoyé Extraordinaire et Ministre Plénipotentiaire près Sa Majesté Catholique, et

Le Sieur CONRAD, COMTE DE BUISSERET-STEENBECQUE DE BLARENGHIEN, Son Envoyé Extraordinaire et Ministre Plénipotentiaire au Maroc;

Sa Majesté le Roi d'Espagne:

Don JUAN MANUEL SÁNCHEZ Y GUTIÉRREZ DE CASTRO, DUC DE ALMODÓVAR DEL RÍO, Son Ministre d'Etat, et

Don JUAN PÉREZ-CABALLERO Y FERRER, Son Envoyé Extraordinaire et Ministre Plénipotentiaire près Sa Majesté le Roi des Belges;

Le Président des Etats-Unis d'Amérique:

Le Sieur HENRY WHITE, Ambassadeur Extraordinaire et Plénipotentiaire des Etats-Unis d'Amérique près Sa Majesté le Roi d'Italie, et

Le Sieur SAMUEL R. GUMMERÉ, Envoyé Extraordinaire et Ministre Plénipotentiaire des Etats-Unis d'Amérique au Maroc;

Le Président de la République Française:

Le Sieur PAUL RÉVOIL, Ambassadeur Extraordinaire et Plénipotentiaire de la République Française auprès de la Confédération Suisse, et

Le Sieur EUGÈNE REGNAULT, Ministre Plénipotentiaire;

Sa Majesté le Roi du Royaume Uni de la Grande Bretagne et d'Irlande et des territoires britanniques au delà des mers, Empereur des Indes:

Sir ARTHUR NICOLSON, Son Ambassadeur Extraordinaire et Plénipotentiaire près Sa Majesté l'Empereur de toutes les Russies;

Sa Majesté le Roi d'Italie:

Le Sieur EMILE, MARQUIS VISCONTI VENOSTA, Chevalier de l'Ordre de la Très-Sainte Annonciade, et

Le Sieur GIULIO MALMUSI, Son Envoyé Extraordinaire et Ministre Plénipotentiaire au Maroc;

Sa Majesté le Sultan du Maroc:

El Hadj MOHAMED BEN-EL ARBI ETTORRÉS, Son Délégué à Tanger et Son Ambassadeur Extraordinaire,
El Hadj MOHAMED BEN ABDESSELAM EL MOKRI, Son Ministre des Dépenses,
El Hadj MOHAMED ES-SEFFAR, et
Sid ABDERRHAMAN BENNIS;

Sa Majesté la Reine des Pays-Bas:

Le Sieur JONKHEER HANNIBAL TESTA, Son Envoyé Extraordinaire et Ministre Plénipotentiaire près Sa Majesté Catholique;

Sa Majesté le Roi de Portugal et des Algarves, etc., etc., etc.:

Le Sieur ANTOINE, COMTE DE TOVAR, Son Envoyé Extraordinaire et Ministre Plénipotentiaire près Sa Majesté Catholique, et
Le Sieur FRANÇOIS-ROBERT, COMTE DE MARTENS FERRÃO, Pair du Royaume, Son Envoyé Extraordinaire et Ministre Plénipotentiaire au Maroc;

Sa Majesté l'Empereur de toutes les Russies:

Le Sieur ARTHUR, COMTE CASSINI, Son Ambassadeur Extraordinaire et Plénipotentiaire près Sa Majesté Catholique, et
Le Sieur BASILE BACHERACHT, Son Ministre au Maroc;

Sa Majesté le Roi de Suède:

Le Sieur ROBERT SAGER, Son Envoyé Extraordinaire et Ministre Plénipotentiaire près Sa Majesté Catholique et près Sa Majesté Très Fidèle.

Lesquels, munis de pleins pouvoirs qui ont été trouvés en bonne et due forme, ont, conformément au programme sur lequel Sa Majesté Chérifienne et les Puissances sont tombées d'accord, successivement discuté et adopté:

    I. Une Déclaration relative à l'organisation de la police;
    II. Un Règlement concernant la surveillance et la répression de le contrebande des armes;
    III. Un Acte de concession d'une Banque d'Etat marocaine;
    IV. Une Déclaration concernant un meilleur rendement des impôts et la création de nouveaux revenus;
    V. Un Règlement sur les Douanes de l'Empire et la répression de la fraude et de la contrebande;
    VI. Une Déclaration relative aux Services Publics et aux Travaux Publics;

et, ayant jugé que ces différents documents pourraient être utilement coordonnés en un seul instrument, les ont réunis en un Acte général composé des articles suivants:

CHAPITRE I

DÉCLARATION RELATIVE A L'ORGANISATION DE LA POLICE

Article premier. La Conférence, appelée par Sa Majesté le Sultan à se prononcer sur les mesures nécessaires pour organiser la police, déclare que les dispositions à prendre sont les suivantes.

Art. 2. La police sera placée sous l'autorité souveraine de Sa Majesté le Sultan. Elle sera recrutée par le Makhzen parmi les musulmans marocains, commandée par des Caïds marocains et répartie dans les huit ports ouverts au commerce.

Art. 3. Pour venir en aide au Sultan dans l'organisation de cette police, des officiers et sous-officiers instructeurs espagnols, des officiers et sous-officiers instructeurs français, seront mis à Sa disposition par leurs Gouvernements respectifs, qui soumettront leur désignation à l'agrément de Sa Majesté Chérifienne. Un contrat passé entre le Makhzen et les instructeurs, en conformité du règlement prévu à l'article 4, déterminera les conditions de leur engagement et fixera leur solde qui ne pourra pas être inférieure au double de la solde correspondante au grade de chaque officier ou sous-officier. Il leur sera alloué, en outre, une indemnité de résidence variable suivant les localités. Des logements convenables seront mis à leur disposition par le Makhzen qui fournira également les montures et les fourrages nécessaires.

Les Gouvernements auxquels ressortissent les instructeurs se réservent le droit de les rappeler et de les remplacer par d'autres, agréés et engagés dans les mêmes conditions.

Art. 4. Ces officiers et sous-officiers prêteront, pour une durée de cinq années à dater de la ratification de l'Acte de la Conférence, leur concours à l'organisation des corps de police chérifiens. Ils assureront l'instruction et la discipline conformément au règlement qui sera établi sur la matière; ils veilleront également à ce que les hommes enrôlés possèdent l'aptitude au service militaire. D'une façon générale, ils devront surveiller l'administration des troupes et contrôler le paiement de la solde qui sera effectué par l'Amin, assisté de l'officier instructeur comptable. Ils prêteront aux autorités marocaines, investies du commandement de ces corps, leur concours technique pour l'exercice de ce commandement.

Les dispositions règlementaires propres à assurer le recrutement, la discipline, l'instruction et l'administration des corps de police, seront arrêtées d'un commun accord entre le Ministre de la Guerre chérifien ou son délégué, l'inspecteur prévu à l'article 7, l'instructeur français et l'instructeur espagnol les plus élevés en grade.

Le règlement devra être soumis au Corps Diplomatique à Tanger qui formulera son avis dans le délai d'un mois. Passé ce délai, le règlement sera mis en application.

Art. 5. L'effectif total des troupes de police ne devra pas dépasser deux mille cinq cents hommes ni être inférieur à deux mille. Il sera réparti suivant l'importance des ports par groupes variant de cent cinquante à six cents hommes. Le nombre des officiers espagnols et français sera de seize à vingt; celui des sous-officiers espagnols et français, de trente à quarante.

Art. 6. Les fonds, nécessaires à l'entretien et au paiement de la solde des troupes et des officiers et sous-officiers instructeurs, seront avancés au Trésor chérifien par la Banque d'Etat, dans les limites du budget annuel attribué à la police qui ne devra pas dépasser deux millions et demi de pesetas pour un effectif de deux mille cinq cents hommes.

Art. 7. Le fonctionnement de la police sera, pendant la même période de cinq années, l'objet d'une inspection générale qui sera confiée par Sa Majesté Chérifienne à un officier supérieur de l'armée suisse dont le choix sera proposé à Son agrément par le Gouvernement fédéral suisse.

Cet officier prendra le titre d'Inspecteur général et aura sa résidence à Tanger.

Il inspectera, au moins une fois par an, les divers corps de police et, à la suite de ces inspections, il établira un rapport qu'il adressera au Makhzen.

En dehors des rapports réguliers, il pourra, s'il le juge nécessaire, établir des rapports spéciaux sur toute question concernant le fonctionnement de la police.

Sans intervenir directement dans le commandement ou l'instruction, l'Inspecteur général se rendra compte des résultats obtenus par la police chérifienne au point de vue du maintien de l'ordre et de la sécurité dans les localités où cette police sera installée.

Art. 8. Les rapports et communications, faits au Makhzen par l'Inspecteur général au sujet de sa mission, seront, en même temps, remis en copie au Doyen du Corps Diplomatique à Tanger, afin que le Corps Diplomatique soit mis à même de constater que la police chérifienne fonctionne conformément aux décisions prises par la Conférence et de surveiller si elle garantit, d'une manière efficace et conforme aux traités, la sécurité des personnes et des biens des ressortissants étrangers, ainsi que celle des transactions commerciales.

Art. 9. En cas de réclamations dont le Corps Diplomatique serait saisi par la Légation intéressée, le Corps Diplomatique pourra, en avisant le Représentant du Sultan, demander à l'Inspecteur général de faire une enquête et d'établir un rapport sur ces réclamations, à toutes fins utiles.

Art. 10. L'Inspecteur général recevra un traitement annuel de vingt-cinq mille francs. Il lui sera alloué, en outre, une indemnité de six mille francs pour frais de tournées. Le Makhzen mettra à sa disposition une maison convenable et pourvoira à l'entretien de ses chevaux.

Art. 11. Les conditions matérielles de son engagement et de son installation, prévues à l'article 10, feront l'objet d'un contrat passé entre lui et le Makhzen. Ce contrat sera communiqué en copie au Corps Diplomatique.

Art 12. Le cadre des instructeurs de la police chérifienne (officiers et sous-officiers) sera espagnol à Tétouan, mixte à Tanger, espagnol à Larache, français à Rabat, mixte à Casablanca, et français dans les trois autres ports.

CHAPITRE II

RÈGLEMENT CONCERNANT LA SURVEILLANCE ET LA RÉPRESSION DE LA CONTREBANDE DES ARMES

Art. 13. Sont prohibés dans toute l'étendue de l'Empire Chérifien, sauf dans les cas spécifiés aux articles 14 et 15, l'importation et le commerce des armes de guerre, pièces d'armes, munitions chargées ou non chargées de toutes espèces, poudres, salpêtre, fulmicoton, nitro-glycérine et toutes compositions destinées exclusivement à la fabrication des munitions.

Art. 14. Les explosifs nécessaires à l'industrie et aux travaux publics pourront néanmoins être introduits. Un règlement, pris dans les formes indiquées à l'article 18, déterminera les conditions dans lesquelles sera effectuée leur importation.

Art. 15. Les armes, pièces d'armes et munitions, destinées aux troupes de Sa Majesté Chérifienne, seront admises après l'accomplissement des formalités suivantes:

Une déclaration, signée par le Ministre de la Guerre marocain, énonçant le nombre et l'espèce des fournitures de ce genre commandées à l'industrie étrangère, devra être présentée à la Légation du pays d'origine qui y apposera son visa.

Le dédouanement des caisses et colis contenant les armes et munitions, livrées en exécution de la commande du Gouvernement marocain, sera opéré sur la production:

1.º de la déclaration spécifiée ci-dessus,

2.º du connaissement indiquant le nombre, le poids des colis, le nombre et l'espèce des armes et munitions qu'ils contiennent. Ce document devra être visé par la Légation du pays d'origine qui marquera au verso les quantités successives précédemment dédouanées. Le visa sera refusé à partir du moment où la commande aura été intégralement livrée.

Art. 16. L'importation des armes de chasse et de luxe, pièces d'armes, cartouches chargées et non chargées, est également interdite. Elle pourra, toutefois, être autorisée:

1.º pour les besoins strictement personnels de l'importateur,

2.º pour l'approvisionnement des magasins d'armes autorisés conformément à l'article 18.

Art. 17. Les armes et munitions de chasse ou de luxe seront admises pour les besoins strictement personnels de l'importateur, sur la production d'un permis délivré par le Représentant du Makhzen à Tanger. Si l'importateur est étranger, le permis ne sera établi que sur la demande de la Légation dont il relève.

En ce qui concerne les munitions de chasse, chaque permis portera au maximum sur mille cartouches ou les fournitures nécessaires à la fabrication de mille cartouches.

Le permis ne sera donné qu'à des personnes n'ayant encouru aucune condamnation correctionnelle.

Art. 18. Le commerce des armes de chasse et de luxe, non rayées, de fabrication étrangère, ainsi que des munitions qui s'y rapportent, sera règlementé, dès que les circonstances le permettront, par décision chérifienne, prise conformément à l'avis du Corps Diplomatique à Tanger, statuant à la majorité des voix. Il en sera de même des décisions, ayant pour but de suspendre ou de restreindre l'exercice de ce commerce.

Seules, les personnes ayant obtenu une licence spéciale et temporaire du Gouvernement marocain, seront admises à ouvrir et exploiter des débits d'armes et de munitions de chasse. Cette licence ne sera accordée que sur demande écrite de l'intéressé, appuyée d'un avis favorable de la Légation dont il relève.

Des règlements pris dans la forme indiquée au paragraphe premier de cet article détermineront le nombre des débits pouvant être ouverts à Tanger et, éventuellement, dans les ports qui seront ultérieurement désignés. Ils fixeront les formalités imposées à l'importation des explosifs à l'usage de l'industrie et des travaux publics, des armes et munitions destinées à l'approvisionnement des débits, ainsi que les quantités maxima qui pourront être conservées en dépôt.

En cas d'infractions aux prescriptions réglementaires, la licence pourra être retirée à titre temporaire ou à titre définitif, sans préjudice des autres peines encourues par les délinquants.

Art. 19. Toute introduction ou tentative d'introduction de marchandises prohibées donnera lieu à leur confiscation et, en outre, aux peines et amendes ci-dessous, qui seront prononcées par la juridiction compétente.

Art. 20. L'introduction, ou tentative d'introduction, par un port ouvert au commerce ou par un bureau de douane, sera punie:

1.° D'une amende de cinq cents à deux mille pesetas et d'une amende supplémentaire égale à trois fois la valeur de la marchandise importée;

2.° D'un emprisonnement de cinq jours à un an;
     ou de l'une des deux pénalités seulement.

Art. 21. L'introduction, ou tentative d'introduction, en dehors d'un port ouvert au commerce ou d'un bureau de douane, sera punie:

1.° D'une amende de mille à cinq mille pesetas et d'une amende supplémentaire, égale à trois fois la valeur de la marchandise importée;

2.° D'un emprisonnement de trois mois à deux ans;
     ou de l'une des deux pénalités seulement.

Art. 22. La vente frauduleuse, le recel et le colportage des marchandises prohibées par le présent règlement seront punis des peines édictées à l'article 20.

Art. 23. Les complices des délits prévus aux articles 20, 21 et 22, seront passibles des mêmes peines que les auteurs principaux. Les éléments caractérisant la complicité seront appréciés d'après la législation du tribunal saisi.

Art. 24. Quand il y aura des indices sérieux, faisant soupçonner qu'un navire mouillé dans un port ouvert au commerce transporte en vue de leur introduction au Maroc des armes, des munitions ou d'autres marchandises prohibées, les agents de la douane chérifienne devront signaler ces indices à l'autorité consulaire compétente afin que celle-ci procède, avec l'assistance d'un délégué de la douane chérifienne, aux enquêtes, vérifications ou visites qu'elle jugera nécessaires.

Art. 25. Dans le cas d'introduction ou de tentative d'introduction par mer de marchandises prohibées, en dehors d'un port ouvert au commerce, la douane marocaine pourra amener le navire au port le plus proche pour être remis à l'autorité consulaire, laquelle pourra le saisir et maintenir la saisie jusqu'au paiement des amendes prononcées. Toutefois, la saisie du navire devra être levée, en tout état de l'instance, en tant que cette mesure n'entravera pas l'instruction judiciaire, sur consignation du montant maximum de l'amende entre les mains de l'autorité consulaire ou sous caution solvable de la payer, acceptée par la douane.

Art. 26. Le Makhzen conservera les marchandises confisquées, soit pour son propre usage, si elles peuvent lui servir, à condition que les sujets de l'Empire ne puissent s'en procurer, soit pour les faire vendre en pays étranger.

Les moyens de transport à terre pourront être confisqués et seront vendus au profit du Trésor chérifien.

Art. 27. La vente des armes réformées par le Gouvernement marocain sera prohibée dans toute l'étendue de l'Empire Chérifien.

Art. 28. Des primes, à prélever sur le montant des amendes prononcées, seront attribuées aux indicateurs qui auront amené la découverte des marchandises prohibées et aux agents qui en auront opéré la saisie: ces primes seront ainsi attribuées après déduction, s'il y a lieu, des frais du procès, un tiers à répartir par la douane entre les indicateurs, un tiers aux agents ayant saisi la marchandise, et un tiers au Trésor marocain.

Si la saisie a été opérée sans l'intervention d'un indicateur, la moitié des amendes sera atribuée aux agents saisissants et l'autre moitié au Trésor chérifien.

Art. 29. Les autorités douanières marocaines devront signaler directement aux agents diplomatiques ou consulaires les infractions au présent règlement commises par leurs ressortissants, afin que ceux-ci soient poursuivis devant la juridiction compétente.

Les mêmes infractions, commises par des sujets marocains, seront déférées directement par la douane à l'autorité chérifienne.

Un délégué de la douane sera chargé de suivre la procédure des affaires pendantes devant les diverses juridictions.

Art. 30. Dans la région frontière de l'Algérie, l'application du règlement sur la contrebande des armes restera l'affaire exclusive de la France et du Maroc.

De même, l'application du règlement sur la contrebande des armes dans le Riff et, en général dans les régions frontières des Possessions espagnoles, restera l'affaire exclusive de l'Espagne et du Maroc.

CHAPITRE III

ACTE DE CONCESSION D'UNE BANQUE D'ÉTAT

Art. 31. Une Banque sera instituée au Maroc sous le nom de «Banque d'Etat du Maroc» pour exercer les droits ci-après spécifiés dont la concession lui est acordée par Sa Majesté le Sultan, pour une durée de quarante années à partir de la ratification du présent Acte.

Art. 32. La Banque, qui pourra exécuter toutes les opérations rentrant dans les attributions d'une banque, aura le privilège exclusif d'émettre des billets au porteur, remboursables à présentation, ayant force libératoire dans les caisses publiques de l'Empire marocain.

La Banque maintiendra, pour le terme de deux ans à compter de la date de son entrée en fonctions, une encaisse au moins égale à la moitié de ses billets en circulation, et au moins égale au tiers après cette période de deux ans révolue. Cette encaisse sera constituée pour au moins un tiers en or ou monnaie or.

Art. 33. La Banque remplira, à l'exclusion de toute autre banque ou établissement de crédit, les fonctions de trésorier-payeur de l'Empire. A cet effet, le Gouvernement marocain prendra les mesures nécessaires pour faire verser dans les caisses de la Banque le produit des revenus des douanes, à l'exclusion de la partie affectée au service de l'Emprunt 1904 et des autres revenus qu'il désignera.

Quant au produit de la taxe spéciale créée en vue de l'accomplissement de certains travaux publics, le Gouvernement marocain devra le faire verser à la Banque, ainsi que les revenus qu'il pourrait ultérieurement affecter à la garantie de ses emprunts, la Banque étant spécialement chargée d'en assurer le service, à l'exception toutefois de l'Emprunt 1904 qui se trouve régi par un Contrat spécial.

Art. 34. La Banque sera l'agent financier du Gouvernement, tant au dedans qu'au dehors de l'Empire, sans préjudice du droit pour le Gouvernement de s'adresser à d'autres maisons de banque ou établissements de crédit pour ses emprunts publics. Toutefois, pour les dits emprunts, la Banque jouira d'un droit de préférence, à conditions égales, sur toute maison de banque ou établissement de crédit.

Mais, pour les Bons du Trésor et autres effets de trésorerie à court terme que le Gouvernement marocain voudrait négocier, sans en faire l'objet d'une émission publique, la Banque sera chargée, à l'exclusion de tout autre établissement, d'en faire la négociation, soit au Maroc, soit à l'étranger, pour le compte du Gouvernement marocain.

Art. 35. A valoir sur les rentrées du Trésor, la Banque fera au Gouvernement marocain des avances en compte-courant jusqu'à concurrence d'un million de francs.

La Banque ouvrira, en outre, au Gouvernement, pour une durée de dix ans à partir de sa constitution, un crédit qui ne pourra pas dépasser les deux tiers de son capital initial.

Ce crédit sera réparti sur plusieurs années et employé en premier lieu aux dépenses d'installation et d'entretien des corps de police organisés conformément aux décisions prises par la Conférence, et subsidiairement aux dépenses de travaux d'intérêt général qui ne seraient pas imputées sur le fonds spécial prévu à l'article suivant.

Le taux de ces deux avances sera au maximum de sept pour cent, commission de banque comprise, et la Banque pourra demander au Gouvernement de lui remettre en garantie de leur montant une somme équivalente en Bons du Trésor.

Si, avant l'expiration des dix années, le Gouvernement marocain venait à contracter un emprunt, la Banque aurait la faculté d'obtenir le remboursement immédiat des avances faites conformément au deuxième alinéa du présent article.

Art. 36. Le produit de la taxe spéciale (Articles 33 et 66) formera un fonds spécial dont la Banque tiendra une comptabilité à part. Ce fonds sera employé conformément aux prescriptions arrêtées par la Conférence.

En cas d'insuffisance et à valoir sur les rentrées ultérieures, la Banque pourra ouvrir à ce fonds un crédit dont l'importance ne dépassera pas le montant des encaissements pendant l'année antérieure.

Les conditions de taux et de commission seront les mêmes que celles fixées à l'article précédent pour l'avance en compte-courant au Trésor.

Art. 37. La Banque prendra les mesures qu'elle jugera utiles pour assainir la situation monétaire au Maroc. La monnaie espagnole continuera à être admise à la circulation avec force libératoire.

En conséquence, la Banque sera exclusivement chargée de l'achat des métaux précieux, de la frappe et de la refonte des monnaies, ainsi que de toutes autres opérations monétaires qu'elle fera pour le compte et au profit du Gouvernement marocain.

Art. 38. La Banque, dont le siège social sera à Tanger, établira des succursales et agences dans les principales villes du Maroc et dans tout autre endroit où elle le jugera utile.

Art. 39. Les emplacements nécessaires à l'établissement de la Banque ainsi que de ses succursales et agences au Maroc seront mis gratuitement à sa disposition par le Gouvernement et, à l'expiration de la concession, le Gouvernement en reprendra possession et remboursera à la Banque les frais de construction de ces établissements. La Banque sera, en outre, autorisée à acquérir tout bâtiment et terrain dont elle pourrait avoir besoin pour le même objet.

Art. 40. Le Gouvernement chérifien assurera sous sa responsabilité la sécurité et la protection de la Banque, de ses succursales et agences. A cet effet, il mettra dans chaque ville une garde suffisante à la disposition de chacun de ces établissements.

Art. 41. La Banque, ses succursales et agences, seront exemptes de tout impôt ou redevance ordinaire ou extraordinaire, existants ou à créer; il en est de même pour les immeubles affectés à ses services, les titres et coupons de ses actions et ses billets. L'importation et l'exportation des métaux et monnaies destinés aux opérations de la Banque, seront autorisées et exemptes de tout droit.

Art. 42. Le Gouvernement chérifien exercera sa haute surveillance sur la Banque par un Haut Commissaire marocain, nommé par lui, après entente préalable avec le Conseil d'Administration de la Banque.

Ce Haut Commissaire aura le droit de prendre connaissance de la gestion de la Banque; il contrôlera l'émission des billets de Banque et veillera à la stricte observation des dispositions de la concession.

Le Haut Commissaire devra signer chaque billet ou y apposer son sceau; il sera chargé de la surveillance des relations de la Banque avec le Trésor Impérial.

Il ne pourra pas s'immiscer dans l'administration et la gestion des affaires de la Banque, mais il aura toujours le droit d'assister aux réunions des Censeurs.

Le Gouvernement chérifien nommera un ou deux Commissaires adjoints qui seront spécialement chargés de contrôler les opérations financières du Trésor avec la Banque.

Art. 43. Un règlement, précisant les rapports de la Banque et du Gouvernement marocain, sera établi par le Comité spécial prévu à l'article 57 et approuvé par les Censeurs.

Art. 44. La Banque, constituée avec approbation du Gouvernement de Sa Majesté Chérifienne, sous la forme des sociétés anonymes, est régie par la loi française sur la matière.

Art. 45. Les actions intentées au Maroc par la Banque seront portées devant le Tribunal consulaire du défendeur ou devant la juridiction marocaine, conformément aux règles de compétence établies par les traités te les firmans chérifiens.

Les actions, intentées au Maroc contre la Banque, seront portées devant un Tribunal spécial, composé de trois magistrats consulaires et de deux assesseurs. Le Corps Diplomatique établira, chaque année, la liste des magistrats, des assesseurs, et de leurs suppléants.

Ce Tribunal appliquera à ces causes les règles de droit, de procédure et de compétence édictées en matière commerciale par la législation française. L'appel des jugements prononcés par ce Tribunal sera porté devant la Cour fédérale de Lausanne qui statuera en dernier ressort.

Art. 46. En cas de contestation sur les clauses de la concession ou de litiges pouvant survenir entre le Gouvernement marocain et la Banque, le différend sera soumis, sans appel ni recours, à la Cour fédérale de Lausanne.

Seront également soumises à cette Cour, sans appel ni recours, toutes les contestations qui pourraient s'élever entre les actionnaires et la Banque sur l'exécution des Statuts ou à raison des affaires sociales.

Art. 47. Les Statuts de la Banque seront établis d'après les bases suivantes par un Comité spécial prévu par l'article 57. Ils seront approuvés par les Censeurs et ratifiés par l'Assemblée générale des actionnaires.

Art. 48. L'Assemblée générale constitutive de la Société fixera le lieu où se tiendront les Assemblées des actionnaires et les réunions du Conseil d'Administration; toutefois, ce dernier aura la faculté de se réunir dans toute autre ville s'il le juge utile.

La Direction de la Banque sera fixée à Tanger.

Art. 49. La Banque sera administrée par un Conseil d'Administration composé d'autant de membres qu'il sera fait de parts dans le capital initial.

Les administrateurs auront les pouvoirs les plus étendus pour l'administration et la gestion de la Société; ce sont eux notamment qui nommeront les Directeurs, Sous-Directeurs et Membres de la Commission, indiquée à l'article 54, ainsi que les Directeurs des Succursales et Agences.

Tous les employés de la Société seront recrutés, autant que possible, parmi les ressortissants des diverses Puissances qui ont pris part à la souscription du capital.

Art. 50. Les Administrateurs, dont la nomination sera faite par l'Assemblée générale des actionnaires, seront désignés à son agrément par les groupes souscripteurs du capital.

Le premier conseil restera en fonctions pendant cinq années. A l'expiration de ce délai, il sera procédé à son renouvellement à raison de trois membres par an. Le sort déterminera l'ordre de sortie des Administrateurs; ils seront rééligibles.

A la constitution de la Société, chaque groupe souscripteur aura le droit de désigner autant d'Administrateurs qu'il aura souscrit de parts entières, sans que les groupes soient obligés de porter leur choix sur un candidat de leur propre nationalité.

Les groupes souscripteurs ne conserveront leur droit de désignation des Administrateurs, lors du remplacement de ces derniers, ou du renouvellement de leur mandat, qu'autant qu'ils pourront justifier être encore en possession d'au moins la moitié de chaque part pour laquelle ils exercent ce droit.

Dans le cas où, par suite de ces dispositions, un groupe souscripteur ne se trouverait plus en mesure de désigner un administrateur, l'Assemblée générale des actionnaires, pourvoirait directement à cette désignation.

Art. 51. Chacun des établissements ci-après: Banque de l'Empire Allemand, Banque

À cet effet, chaque Puissance désignera une Banque qui exercera, soit pour elle-même, soit pour un groupe de banques, le droit de souscription ci dessus spécifié, ainsi que le droit de désignation des Administrateurs prévu à l'article 50. Toute banque, choisie comme chef de groupe, pourra avec l'autorisation de son Gouvernement être remplacée par une autre banque du même pays.

Les États, qui voudraient se prévaloir de leur droit de souscription, auront à communiquer cette intention au Gouvernement Royal d'Espagne dans un délai de quatre semaines, à partir de la signature du présent Acte par les représentants des Puissances.

Toutefois, deux parts égales à celles réservées à chacun des groupes souscripteurs seront attribuées *au Consortium* des banques signataires du contrat du 12 Juin 1904, en compensation de la cession qui sera faite par le *Consortium* à la Banque d'État du Maroc:

1° des droits spécifiés à l'article 33 du contrat;

2° du droit inscrit à l'article 32 (§ 2) du contrat, concernant le solde disponible des recettes douanières sous réserve expresse du privilège général conféré en premier rang par l'article 11 du même contrat aux porteurs de Titres sur la totalité du Produit des Douanes.

Art. 57. Dans un délai de trois semaines à partir de la clôture de la souscription, notifiée par le Gouvernement Royal d'Espagne aux Puissances intéressées, un Comité spécial, composé de délégués nommés par les groupes souscripteurs, dans les conditions prévues à l'article 50 pour la nomination des Administrateurs, se réunira afin d'élaborer les Statuts de la Banque.

L'Assemblée générale constitutive de la Société aura-lieu dans un délai de deux mois, à partir de la ratification du présent Acte.

La rôle du Comité spécial cessera aussitôt après la constitution de la Société.

Le Comité spécial fixera lui-même le lieu de ses réunions.

Art. 58. Aucune modification aux Statuts ne pourra être apportée si ce n'est sur la proposition du Conseil d'Administration et après avis conforme des Censeurs et du Haut Commissaire Impérial.

Ces modifications devront être votées par l'Assemblée Générale des Actionnaires à la majorité des trois quarts des membres présents ou représentés.

CHAPITRE IV

DÉCLARATION CONCERNANT UN MEILLEUR RENDEMENT DES IMPÔTS ET LA CRÉATION DE NOUVEAUX REVENUS

Art. 59. Dès que le *tertib* sera mis à exécution d'une façon régulière à l'égard des sujets marocains, les Représentants des Puissances à Tanger y soumettront leurs ressortissants dans l'Empire. Mais il est entendu que le dit impôt ne sera appliqué aux étrangers,

a) que dans les conditions fixées par le règlement du Corps Diplomatique à Tanger en date du 23 Novembre 1903,

b) que dans les localités où il sera effectivement perçu sur les sujets marocains.

Les autorités consulaires retiendront un tantième pour cent des sommes encaissées sur leurs ressortissants pour couvrir les frais occasionnés par la rédaction des rôles et le recouvrement de la taxe.

Le taux de cette retenue sera fixé, d'un commun accord, par le Makhzen et le Corps Diplomatique à Tanger.

Art. 60. Conformément au droit qui leur a été reconnu par l'article 11 de la Convention de Madrid, les étrangers pourront acquérir des propriétés dans toute l'étendue de l'Empire Chérifien et Sa Majesté le Sultan donnera aux autorités administratives et judiciaires les instructions nécessaires pour que l'autorisation de passer les actes ne soit pas refusée sans motif légitime. Quant aux transmissions ultérieures par actes entre vifs ou après décès, elles continueront à s'exercer sans aucune entrave.

Dans les ports ouverts au commerce et dans un rayon de dix kilomètres autour de ces ports, Sa Majesté le Sultan accorde, d'une façon générale, et sans qu'il soit désormais nécessaire de l'obtenir spécialement pour chaque achat de propriété par les étrangers, le consentement exigé par l'article 11 de la Convention de Madrid.

A Ksar el Kebir, Arzila, Azemmour et, éventuellement, dans d'autres localités du littoral ou de l'intérieur, l'autorisation générale ci-dessus mentionnée est également accordée aux étrangers, mais seulement pour les acquisitions dans un rayon de deux kilomètres autour de ces villes.

Partout où les étrangers auront acquis des propriétés, ils pourront élever des constructions en se conformant aux règlements et usages.

Avant d'autoriser la rédaction des actes transmissifs de propriété, le Cadi devra s'assurer, conformément à la loi musulmane, de la régularité des titres.

Le Makhzen désignera, dans chacune des villes et circonscriptions indiquées au présent article, le Cadi qui sera chargé d'effectuer ces vérifications.

Art. 61. Dans le but de créer de nouvelles ressources au Makhzen, la Conférence reconnait, en principe, qu'une taxe pourra être établie sur les constructions urbaines.

Une partie des recettes ainsi réalisées sera affectée aux besoins de la voirie et de l'hygiène municipales et, d'une façon générale, aux dépenses d'amélioration et d'entretien des villes.

La taxe sera due par le propriétaire marocain ou étranger sans aucune distinction; mais le locataire ou le détenteur de la clef en sera responsable envers le Trésor marocain.

Un règlement édicté, d'un commun accord, par le Gouvernement chérifien et le Corps Diplomatique à Tanger, fixera le taux de la taxe, son mode de perception et d'application et déterminera la quotité des ressources ainsi créées qui devra être affectée aux dépenses d'amélioration et d'entretien des villes.

A Tanger, cette quotité sera versée au Conseil sanitaire international, qui en réglera l'emploi jusqu'à la création d'une organisation municipale.

Art. 62. Sa Majesté Chérifienne, ayant décidé en 1901 que les fonctionnaires marocains, chargés de la perception des impôts agricoles, ne recevraient plus des populations ni *sokhra* ni *mouna*, la Conférence estime que cette règle devra être généralisée autant que posible.

Art. 63. Les Délégués chérifiens ont exposé que des biens habous ou certaines propriétés domaniales, notamment des immeubles du Makhzen, occupés contre paiement de la redevance de six pour cent, sont détenus par des ressortissants étrangers, sans titres réguliers ou en vertu de contrats sujets à révision. La Conférence, désireuse de remédier à cet état de choses, charge le Corps Diplomatique à Tanger de donner une solution équitable à ces deux questions, d'accord avec le Commissaire spécial que Sa Majesté Chérifienne voudra bien désigner à cet effet.

Art. 64. La Conférence prend acte des propositions formulées par les Délégués chérifiens au sujet de la création de taxes sur certains commerces, industries et professions.

Si, à la suite de l'application de ces taxes aux sujets marocains, le Corps Diplomatique à Tanger estimait qu'il y a lieu de les étendre aux ressortissants étrangers, il est, dès à présent spécifié que les dites taxes seront exclusivement municipales.

Art. 65. La Conférence se rallie à la proposition faite par la Délégation marocaine d'établir avec l'assistance du Corps Diplomatique:

a) un droit de timbre sur les contrats et actes authentiques passés devant les adoul;

b) un droit de mutation, au maximum de deux pour cent, sur les ventes immobilières;

c) un droit de statistique et de pesage, au maximum de un pour cent *ad valorem*, sur les marchandises transportées par cabotage;

d) un droit de passeport à percevoir sur les sujets marocains;

e) éventuellement, des droits de quais et de phares dont le produit devra être affecté à l'amélioration des ports.

Art. 66. A titre temporaire, les marchandises d'origine étrangère seront frappées à leur entrée au Maroc d'une taxe spéciale s'élevant à deux et demi pour cent *ad valorem*. Le produit intégral de cette taxe formera un fonds spécial qui sera affecté aux dépenses et à l'exécution de travaux publics, destinés au développement de la navigation et du commerce en général dans l'Empire chérifien.

Le programme des travaux et leur ordre de priorité seront arrêtés, d'un commun accord, par le Gouvernement chérifien et par le Corps Diplomatique à Tanger.

Les études, devis, projets et cahiers des charges s'y rapportant seront établis par un ingénieur compétent nommé par le Gouvernement chérifien d'accord avec le Corps Diplomatique. Cet ingénieur pourra, au besoin, être assisté d'un ou plusieurs ingénieurs adjoints. Leur traitement sera imputé sur les fonds de la caisse spéciale.

Les fonds de la caisse spéciale seront déposés à la Banque d'Etat du Maroc qui en tiendra la comptabilité.

Les adjudications publiques seront passées dans les formes et suivant les conditions générales prescrites par un Règlement que le Corps Diplomatique à Tanger est chargé d'établir avec le Représentant de Sa Majesté Chérifienne.

Le bureau d'adjudication sera composé d'un représentant du Gouvernement chérifien, de cinq délégués du Corps Diplomatique et de l'ingénieur.

L'adjudication sera prononcée en faveur du soumissionnaire qui, en se conformant aux prescriptions du cahier des charges, présentera l'offre remplissant les conditions générales les plus avantageuses.

En ce qui concerne les sommes provenant de la taxe spéciale et qui seraient perçues dans les bureaux de douane établis dans les régions visées par l'article 103 du Règlement sur les douanes, leur emploi sera réglé par le Makhzen avec l'agrément de la Puissance limitrophe, conformément aux prescriptions du présent article.

Art. 67. La Conférence, sous réserve des observations présentées à ce sujet, émet le vœu que les droits d'exportation des marchandises ci-après soient réduits de la manière suivante:

Pois chiches . . . . 20 pour 100
Maïs. . . . . 20 » 100
Orge . . . . 50 » 100
Blé . . . . 34 » 100

Art. 68. Sa Majesté Chérifienne consentira à élever à dix mille le chiffre de six mille têtes de bétail de l'espèce bovine que chaque Puissance aura le droit d'exporter du Maroc.

L'exportation pourra avoir lieu par tous les bureaux de douane. Si, par suite de circonstances malheureuses, une pénurie de bétail était constatée dans une région déterminée, Sa Majesté Chérifienne pourrait interdire temporairement la sortie du bétail par le port, ou les ports qui desservent cette région. Cette mesure ne devra pas excéder une durée de deux années; elle ne pourra pas être appliquée à la fois à tous les ports de l'Empire.

Il est d'ailleurs entendu que les dispositions précédentes ne modifient pas les autres conditions de l'exportation du bétail fixées par les firmans antérieurs.

La Conférence émet, en outre, le vœu qu'un service d'inspection vétérinaire soit organisé au plus tôt dans les ports de la côte.

Art. 69. Conformément aux décisions antérieures de Sa Majesté Chérifienne et notamment à la décision du 28 septembre 1901, est autorisé entre tous les ports de l'Empire le transport par cabotage des céréales, graines, légumes, œufs, fruits, volailles, et, en général, des marchandises et animaux de toute espèce, originaires ou non du Maroc, à l'exception des chevaux, mulets, ânes et chameaux pour lesquels un permis spécial du Makhzen sera nécessaire. Le cabotage pourra être effectué par des bateaux de toute nationalité, sans que les dits articles aient à payer les droits d'exportation, mais en se conformant aux droits spéciaux et aux règlements sur la matière.

Art. 70. Le taux des droits de stationnement ou d'ancrage imposés aux navires dans les ports marocains se trouvant fixé par des traités passés avec certaines Puissances, ces Puissances se montrent disposées à consentir la révision des dits droits. Le Corps Diplomatique à Tanger est chargé d'établir, d'accord avec le Makhzen, les conditions de la révision qui ne pourra avoir lieu qu'après l'amélioration des ports.

Art. 71. Les droits de magasinage en douane seront perçus dans tous les ports marocains où il existera des entrepôts suffisants, conformément aux règlements pris ou à prendre sur la matière par le Gouvernement de Sa Majesté Chérifienne, d'accord avec le Corps Diplomatique à Tanger.

Art. 72. L'opium et le kif continueront à faire l'objet d'un monopole au profit du Gouvernement chérifien. Néanmoins, l'importation de l'opium spécialement destiné à des emplois pharmaceutiques sera autorisée par permis spécial, délivré par le Makhzen, sur la demande de la Légation dont relève le pharmacien ou médecin importateur. Le Gouvernement Chérifien et le Corps Diplomatique règleront, d'un commun accord, la quantité maxima à introduire.

Art. 73. Les Représentants des Puissances prennent acte de l'intention du Gouvernement chérifien d'étendre aux tabacs de toutes sortes le monopole existant en ce qui concerne le tabac à priser. Ils réservent le droit de leurs ressortissants à être dûment indemnisés des préjudices que le dit monopole pourrait occasionner à ceux d'entr'eux qui auraient des industries créées sous le régime actuel concernant le tabac. A défaut d'entente amiable, l'indemnité sera fixée par des experts désignés par le Makhzen et par le Corps Diplomatique, en se conformant aux dispositions arrêtées en matière d'expropriation pour cause d'utilité publique.

Art. 74. Le principe de l'adjudication, sans acception de nationalité, sera appliqué aux fermes concernant le monopole de l'opium et du kif. Il en serait de même pour le monopole du tabac, s'il était établi.

Art. 75. Au cas où il y aurait lieu de modifier quelqu'une des dispositions de la présente déclaration, une entente devra s'établir à ce sujet entre le Makhzen et le Corps Diplomatique à Tanger.

Art. 76. Dans tous les cas prévus par la présente déclaration, où le Corps Diplomatique sera appelé à intervenir, sauf en ce qui concerne les articles 64, 70 et 75, les décisions seront prises à la majorité des voix.

CHAPITRE V

RÈGLEMENT SUR LES DOUANES DE L'EMPIRE ET LA RÉPRESSION DE LA FRAUDE ET DE LA CONTREBANDE.

Art. 77. Tout capitaine de navire de commerce, venant de l'étranger ou du Maroc, devra, dans les vingt-quatre heures de son admission en libre pratique dans un des ports de l'Empire, déposer au bureau de douane une copie exacte de son manifeste, signée par lui et certifiée conforme par le consignataire du navire. Il devra, en outre, s'il en est requis, donner communication aux agents de la douane de l'original de son manifeste.

La douane aura la faculté d'installer à bord un ou plusieurs gardiens pour prévenir tout trafic illégal.

Art. 78. Sont exempts du dépôt du manifeste:

1.° Les bâtiments de guerre ou affrêtés pour le compte d'une Puissance;

2.° Les canots appartenant à des particuliers, qui s'en servent pour leur usage, en s'abstenant de tout transport de marchandises;

3.° Les bateaux ou embarcations employés à la pêche en vue des côtes;

4.ᵃ Les yachts uniquement employés à la navigation de plaisance et enregistrés au port d'attache dans cette catégorie;

5.° Les navires chargés spécialement de la pose et de la réparation des câbles télégraphiques;

6.° Les bateaux uniquement affectés au sauvetage;

7.° Les bâtiments hospitaliers;

8.° Les navires-écoles de la marine marchande, ne se livrant pas à des opérations commerciales.

Art 79. Le manifeste, déposé à la douane, devra annoncer la nature et la provenance de la cargaison avec les marques et numéros des caisses, balles, ballots, barriques, etc.

Art. 80. Quand il y aura des indices sérieux faisant soupçonner l'inexactitude du manifeste, ou quand le capitaine du navire refusera de se prêter à la visite et aux vérifications des agents de la douane, le cas sera signalé à l'autorité consulaire compétente afin que celle-ci procède avec un délégué de la douane chérifienne, aux enquêtes, visites et vérifications qu'elle jugera nécessaires.

Art. 81. Si, à l'expiration du délai de vingt-quatre heures indiqué à l'article 77, le capitaine n'a pas déposé son manifeste, il sera passible, à moins que le retard ne provienne d'un cas de force majeure, d'une amende de cent cinquante pesetas par jour de retard, sans toutefois que cette amende puisse dépasser six cents pesetas. Si le capitaine a présenté frauduleusement un manifeste inexact ou incomplet, il sera personnellement condamné au paiement d'une somme égale à la valeur des marchandises pour lesquelles il n'a pas produit de manifeste, et à une amende de cinq cents à mille pesetas, et le bâtiment et les marchandises pourront en outre être saisis par l'autorité consulaire compétente pour la sûreté de l'amende.

Art. 82. Toute personne, au moment de dédouaner les marchandises importées ou destinées à l'exportation, doit faire à la douane une déclaration détaillée, énonçant l'espèce, la qualité, le poids, le nombre, la mesure et la valeur des marchandises, ainsi que l'espèce, les marques et les numéros des colis qui les contiennent.

Art. 83. Dans le cas où, lors de la visite, on trouvera moins de colis ou de marchandises qu'il n'en à été déclaré, le déclarant, à moins qu'il ne puisse justifier de sa bonne foi, devra payer double droit pour les marchandises manquant, et les marchandises présentées seron, retenues en douane pour la sûreté de ce double droit; si, au contraire, on trouve à la visite un excédant quant au nombre des colis, à la quantité ou au poids des marchandises, cet excédant sera saisi et confisqué au profit du Makhzen à moins que le déclarant ne puisse justifier de sa bonne foi.

Art. 84. Si la déclaration a été reconnue inexacte quant à l'espèce ou à la qualité, et si le déclarant ne peut justifier de sa bonne foi, les marchandises inexactement déclarées seront saisies et confisquées au profit du Makhzen par l'autorité compétente.

Art. 85. Dans le cas où la déclaration serait reconnue inexacte quant à la valeur déclaréet et si le déclarant ne peut justifier de sa bonne foi, la douane pourra, soit prélever le droit en nature séance tenante, soit, au cas où la marchandise est indivisible, acquérir la dite marchandise, en payant immédiatement au déclarant la valeur déclarée, augmentée de cinq pour cent.

Art. 86. Si la déclaration est reconnue fausse quant à la nature des marchandises, celles-ci seront considérées comme n'ayant pas été déclarées et l'infraction tombera sous l'application des articles 88 et 90 ci-après et sera punie des peines prévues aux dits articles.

Art. 87. Toute tentative ou tout flagrant délit d'introduction, toute tentative ou tout flagrant délit d'exportation en contrebande de marchandises soumises au droit, soit par mer, soit par terre, seront passibles de la confiscation des marchandises, sans préjudice des peines et amendes ci-dessous qui seront prononcées par la juridiction compétente.
Seront en outre saisis et confisqués les moyens de transport par terre dans le cas où la contrebande constituera la partie principale du chargement.

Art. 88. Toute tentative ou tout flagrant délit d'introduction, toute tentative ou tout flagrant délit d'exportation en contrebande par un port ouvert au commerce ou par un bureau de douane, seront punis d'une amende ne dépassant pas le triple de la valeur des marchandises, objet de la fraude, et d'un emprisonnement de cinq jours à six mois, ou de l'une des deux peines seulement.

Art. 89. Toute tentative ou tout flagrant délit d'introduction, toute tentative ou tout flagrant délit d'exportation, en dehors d'un port ouvert au commerce ou d'un bureau de douane, seront punis d'une amende de trois cents à cinq cents pesetas et d'une amende supplémentaire égale à trois fois la valeur de la marchandise ou d'un emprisonnement d'un mois à un an.

Art. 90. Les complices des délits prévus aux articles 88 et 89 seront passibles des mêmes peines que les auteurs principaux. Les éléments caractérisant la complicité seront appréciés d'après la législation du tribunal saisi.

Art. 91. En cas de tentative ou flagrant délit d'importation, de tentative ou flagrant délit d'exportation de marchandises par un navire en dehors d'un port ouvert au commerce, la douane marocaine pourra amener le navire au port le plus proche pour être remis à l'autorité consulaire, laquelle pourra le saisir et maintenir la saisie jusqu'à ce qu'il ait acquitté le montant des condamnations prononcées.

La saisie du navire devra être levée, en tout état de l'instance, en tant que cette mesure n'entravera pas l'instruction judiciaire, sur consignation du montant maximum de l'amende entre les mains de l'autorité consulaire ou sous caution solvable de la payer acceptée par la douane.

Art. 92. Les dispositions des articles précédents seront applicables à la navigation de cabotage.

Art. 93. Les marchandises, non soumises aux droits d'exportation, embarquées dans un port marocain pour être transportées par mer dans un autre port de l'Empire, devront être accompagnées d'un certificat de sortie délivré par la douane, sous peine d'être assujetties au paiement du droit d'importation et même confisquées si elles ne figuraient pas au manifeste.

Art. 94. Le transport par cabotage des produits soumis aux droits d'exportation ne pourra s'effectuer qu'en consignant au bureau de départ, contre quittance, le montant des droits d'exportation relatifs à ces marchandises.

Cette consignation sera remboursée au déposant par le bureau où elle a été effectuée, sur production d'une déclaration revêtue par la douane de la mention d'arrivée de la marchandise et de la quittance constatant le dépôt des droits. Les pièces justificatives de l'arrivée de la marchandise devront être produites dans les trois mois de l'expédition. Passé ce délai, à moins que le retard ne provienne d'un cas de force majeure, la somme consignée deviendra la propriété du Makhzen.

Art. 95. Les droits d'entrée et de sortie seront payés au comptant au bureau de douane où la liquidation aura été effectuée. Les droits ad valorem seront liquidés suivant la valeur au comptant et en gros de la marchandise rendue au bureau de douane, et franche de droits de douane et de magasinage. En cas d'avaries, il sera tenu compte, dans l'estimation, de la dépréciation subie par la marchandise. Les marchandises ne pourront être retirées qu'après le paiement des droits de douane et de magasinage.

Toute prise en charge ou perception devra faire l'objet d'un récépissé régulier, délivré par l'agent chargé de l'opération.

Art. 96. La valeur des principales marchandises taxées par les Douanes marocaines sera déterminée chaque année, dans les conditions spécifiées à l'article précédent, par une Commision des valeurs douanières, réunie à Tanger et composée de:

1.° Trois membres désignés par le Gouvernement marocain,
2.° Trois membres désignés par le Corps Diplomatique à Tanger,
3.° Un délégué de la Banque d'Etat,
4.° Un agent de la Délégation de l'Emprunt marocain 5 $^{0}/_{0}$, 1904.

La Commission nommera douze à vingt membres honoraires domiciliés au Maroc, qu'elle consultera quand il s'agira de fixer les valeurs et toutes les fois qu'elle le jugera utile. Ces membres honoraires seront choisis sur les listes des notables, établies par chaque Légation pour les étrangers et par le Représentant du Sultan pour les marocains. Ils seront désignés, autant que possible, proportionellement à l'importance du commerce de chaque nation.

La Commision sera nommée pour trois années.

Le tarif des valeurs fixées par elle servira de base aux estimations qui seront faites dans chaque bureau par l'administration des douanes marocaines. Il sera affiché dans les bureaux de douane et dans les chancelleries des Légations ou des Consulats à Tanger.

Le tarif sera susceptible d'être révisé au bout de six mois, si des modifications notables sont survenues dans la valeur de certaines marchandises.

Art. 97. Un Comité permanent, dit «Comité des douanes», est institué à Tanger et nommé pour trois années. Il sera composé d'un Commissaire spécial de Sa Majesté Chérifienne, d'un membre du Corps Diplomatique ou Consulaire désigné par le Corps Diplomatique à Tanger, et d'un délégué de la Banque d'Etat. Il pourra s'adjoindre, à titre consultatif, un ou plusieurs représentants du service des Douanes.

Ce Comité exercera sa haute surveillance sur le fonctionnement des Douanes et pourra proposer à Sa Majesté Chérifienne les mesures qui seraient propres à apporter des améliorations dans le service et à assurer la régularité et le contrôle des opérations et perceptions (débarquements, embarquements, transport à terre, manipulations, entrées et sorties des marchandises, magasinage, estimation, liquidation et perception des taxes). Par la création du «Comité des douanes», il ne sera porté aucune atteinte aux droits stipulés en faveur des porteurs de titres par les articles 15 et 16 du Contrat d'emprunt du 12 Juin 1904.

Des instructions, élaborées par le Comité des douanes et les services intéressés, détermineront les détails de l'application de l'article 96 et du présent article. Elles seront soumises à l'avis du Corps Diplomatique.

Art. 98. Dans les douanes où il existe des magasins suffisants, le service de la douane prend en charge les marchandises débarquées à partir du moment où elles sont remises, contre récépissé, par le capitaine du bateau aux agents préposés à l'acconage jusqu'au moment où elles sont régulièrement dédouanées. Il est responsable des dommages causés par les pertes ou avaries de marchandise qui sont imputables à la faute ou à la négligence de ses agents. Il n'est pas responsable des avaries résultant soit du dépérissement naturel de la marchandise, soit de son trop long séjour en magasin, soit des cas de force majeure.

Dans les douanes où il n'y a pas de magasins suffisants, les agents du Makhzen sont seulement tenus d'employer les moyens de préservation dont dispose le bureau de la douane.

Une révision du Règlement de magasinage, actuellement en vigueur, sera effectuée par les soins du Corps Diplomatique statuant à la majorité, de concert avec le Gouvernement chérifien.

Art. 99. Les marchandises et les moyens de transport à terre confisqués seront vendus par les soins de la douane, dans un délai de huit jours à partir du jugement définitif rendu par le tribunal compétent.

Art. 100. Le produit net de la vente des marchandises et objets confisqués est acquis définitivement à l'Etat; celui des amendes pécuniaires, ainsi que le montant des transactions, seront, après déduction des frais de toute nature, répartis entre le Trésor chérifien et ceux qui auront participé à la répression de la fraude ou de la contrebande.

Un tiers à répartir par la douane entre les indicateurs,

Un tiers aux agents ayant saisi la marchandise,

Un tiers au Trésor marocain.

Si la saisie a été opérée sans l'intervention d'un indicateur, la moitié des amendes sera attribuée aux agents saisissants et l'autre moitié au Trésor marocain.

Art. 101. Les autorités douanières marocaines devront signaler directement aux agents diplomatiques ou consulaires les infractions au présent règlement commises par leurs ressortissants, afin que ceux-ci soient poursuivis devant la juridiction compétente.

Les mêmes infractions, commises par des sujets marocains, seront déférées directement par la douane à l'autorité chérifienne.

Un délégué de la douane sera chargé de suivre la procédure des affaires pendantes devant les diverses juridictions.

Art. 102. Toute confiscation, amende, ou pénalité, devra être prononcée pour les étrangers par la juridiction consulaire et pour les sujets marocains par la juridiction Chérifienne.

Art. 103. Dans la région frontière de l'Algérie, l'application du présent règlement restera l'affaire exclusive de la France et du Maroc;

De même, l'application de ce règlement dans le Riff et, en général, dans les régions frontières des Possesions espagnoles, restera l'affaire exclusive de l'Espagne et du Maroc.

Art. 104. Les dispositions du présent règlement, autres que celles qui s'appliquent aux pénalités, pourront être révisées par le Corps Diplomatique à Tanger, statuant à l'unanimité des voix, et d'accord avec le Makhzen, à l'expiration d'un délai de deux ans à dater de son entrée en vigueur.

CHAPITRE VI

DÉCLARATION RELATIVE AUX SERVICES PUBLICS
ET AUX TRAVAUX PUBLICS.

Art. 105. En vue d'assurer l'application du principe de la liberté économique sans aucune inégalité, les Puissances signataires déclarent qu'aucun des services publics de l'Empire Chérifien ne pourra être aliéné au profit d'intérêts particuliers.

Art. 106. Dans le cas où le Gouvernement chérifien croirait devoir faire appel aux capitaux étrangers ou à l'industrie étrangère pour l'exploitation de services publics ou pour l'exécution de travaux publics, routes, chemins de fer, ports, télégraphes et autres, les Puissances signataires se réservent de veiller à ce que l'autorité de l'Etat sur ces grandes entreprises d'intérêt général demeure entière.

Art. 107. La validité des concessions qui seraient faites aux termes de l'article 106 ainsi que pour les fournitures d'Etat sera subordonnée, dans tout l'Empire chérifien, au principe de l'adjudication publique, sans acception de nationalité, pour toutes les matières qui, conformément aux règles suivies dans les législations étrangères, en comportent l'application.

Art. 108. Le Gouvernement chérifien, dès qu'il aura décidé de procéder par voie d'adjudication à l'exécution des travaux publics, en fera part au Corps Diplomatique; il lui communiquera, par la suite, les cahiers des charges, plans, et tous les documents annexés au projet d'adjudication, de manière que les nationaux de toutes les Puissances signataires puissent se rendre compte des travaux projetés et être à même d'y concourir. Un délai suffisant sera fixé à cet effet par l'avis d'adjudication.

Art. 109. Le cahier des charges ne devra contenir, ni directement ni indirectement, aucune condition ou disposition qui puisse porter atteinte à la libre concurrence et mettre en état d'infériorité les concurrents d'une nationalité vis-à-vis des concurrents d'une autre nationalité.

Art. 110. Les adjudications seront passées dans les formes et suivant les conditions générales prescrites par un règlement que le Gouvernement chérifien arrêtera avec l'assistance du Corps Diplomatique.

L'adjudication sera prononcée par le Gouvernement chérifien en faveur du soumissionnaire qui, en se conformant aux prescriptions du cahier des charges, présentera l'offre remplissant les conditions générales les plus avantageuses.

Art. 111. Les règles des articles 106 à 110 seront appliquées aux concessions d'exploitation de forêts de chênes-lièges, conformément aux dispositions en usage dans les législations étrangères.

Art. 112. Un firman chérifien déterminera les conditions de concession et d'exploitation des mines, minières et carrières. Dans l'élaboration de ce firman, le Gouvernement chérifien s'inspirera des législations étrangères existant sur la matière.

Art. 113. Si, dans les cas mentionnés aux articles 106 à 112, il était nécessaire d'occuper certains immeubles, il pourra être procédé à leur expropriation moyennant le versement préalable d'une juste indemnité et conformément aux règles suivantes.

Art. 114. L'expropriation ne pourra avoir lieu que pour cause d'utilité publique et qu'autant que la nécessité en aura été constatée par une enquête administrative dont un règlement chérifien, élaboré avec l'assistance du Corps Diplomatique, fixera les formalités.

Art. 115. Si les propriétaires d'immeubles sont sujets marocains, Sa Majesté Chérifienne prendra les mesures nécessaires pour qu'aucun obstacle ne soit apporté à l'exécution des travaux qu'Elle aura déclarés d'utilité publique.

Art. 116. S'il s'agit de propriétaires étrangers, il sera procédé à l'expropriation de la manière suivante:

En cas de désaccord entre l'administration compétente et le propriétaire de l'immeuble à exproprier, l'indemnité sera fixée par un jury spécial, ou, s'il y a lieu, par arbitrage.

Art. 117. Ce jury sera composé de six experts estimateurs, choisis trois par le propriétaire, trois par l'administration qui poursuivra l'expropriation. L'avis de la majorité absolue prévaudra.

S'il ne peut se former de majorité, le propriétaire et l'administration nommeront chacun un arbitre et ces deux arbitres désigneront le tiers arbitre.

A défaut d'entente pour la désignation du tiers arbitre, ce dernier sera nommé par le Corps Diplomatique à Tanger.

Art. 118. Les arbitres devront être choisis sur une liste établie au début de l'année par le Corps Diplomatique et, autant que possible, parmi les experts ne résidant pas dans la localité où s'exécute le travail.

Art. 119. Le propriétaire pourra faire appel de la décision rendue par les arbitres, devant la juridiction compétente, et conformément aux règles fixées en matière d'arbitrage par la législation à laquelle il ressortit.

CHAPITRE VII

DISPOSITIONS GÉNÉRALES.

Art. 120. En vue de mettre, s'il y a lieu, sa législation en harmonie avec les engagements contractés par le présent Acte Général, chacune des Puissances signataires s'oblige à provoquer, en ce qui la concerne, l'adoption des mesures législatives qui seraient nécessaires.

Art. 121. Le présent Acte Général sera ratifié suivant les lois constitutionelles particulières à chaque Etat; les ratifications seront déposées à Madrid le plus tôt que faire se pourra, et au plus tard le trente et un Décembre mille neuf cent six.

Il sera dressé du dépôt un procès-verbal dont une copie certifiée conforme sera remise aux Puissances signataires par la voie diplomatique.

Art. 122. Le présent Acte Général entrera en vigueur le jour où toutes les ratifications auront été déposées, et au plus tard le trente et un Décembre mille neuf cent six.

Au cas où les mesures législatives spéciales qui dans certains pays seraient nécessaires pour assurer l'application à leurs nationaux résidant au Maroc de quelques-unes des stipulations du présent Acte général, n'auraient pas été adoptées avant la date fixée pour la ratification, ces stipulations ne deviendraient applicables, en ce qui les concerne, qu'après que les mesures législatives ci-dessus visées auraient été promulguées.

Art. 123 et dernier. Tous les traités, conventions et arrangements des Puissances signataires avec le Maroc restent en vigueur. Toutefois, il est entendu qu'en cas de conflit entre leurs dispositions et celles du présent Acte Général, les stipulations de ce dernier prévaudront.

EN FOI DE QUOI, les Délégués Plénipotentiaires ont signé le présent Acte Général et y ont apposé leur cachet.

Fait à Algeciras le septième jour d'Avril mille neuf cent six, en un seul exemplaire qui restera déposé dans les archives du Gouvernement de Sa Majesté Catholique et dont des copies certifiées conformes seront remises par la voie diplomatique aux Puissances signataires.

Pour l'Allemagne:	(l. s.)	RADOWITZ.
	(l. s.)	TATTENBACH.
Pour l'Autriche-Hongrie	(l. s.)	WELSERSHEIMB.
	(l. s.)	BOLESTA-KOZIEBRODZKI.
Pour la Belgique:	(l. s.)	JOOSTENS.
	(l. s.)	COMTE CONRAD DE BUISSERET.
Pour l'Espagne:	(l. s.)	EL DUQUE DE ALMODÓVAR DEL RÍO.
	(l. s.)	J. PÉREZ-CABALLERO.

Pour les Etats-Unis d'Amérique: Sous réserve de la déclaration faite en séance plénière de la Conférence le 7 Avril 1906.

	(l. s.)	HENRY WHITE.
	(l. s.)	SAMUEL R. GUMMERÉ.

Pour la France:	(l. s.)	RÉVOIL.
	(l. s.)	REGNAULT.
Pour la Grande Bretagne:	(l. s.)	A. NICOLSON.
Pour l'Italie:	(l. s.)	VISCONTI VENOSTA.
	(l. s.)	G. MALMUSI.
Pour le Maroc:		
Pour les Pays-Bas:	(l. s.)	H. TESTA.
Pour le Portugal:	(l. s.)	CONDE DE TOVAR.
	(l. s.)	CONDE DE MARTENS FERRÃO.
Pour la Russie:	(l. s.)	CASSINI.
	(l. s.)	BASILE BACHERACHT.
Pour la Suède:	(l. s.)	ROBERT SAGER.